AF313871

PARIS. — IMPRIMERIE DE Vᵉ DONDEY-DUPRÉ,

rue Saint-Louis, 46, au Marais.

RÉPONSE

AUX

OBSERVATIONS DE M. D'AURE

SUR LA

NOUVELLE MÉTHODE D'ÉQUITATION

ET

ANALYSE DE SON TRAITÉ D'ÉQUITATION,

PUBLIÉ EN **1834**,

PAR F. BAUCHER.

« L'envie apparaît sous mille formes ; mais le masque
dont elle s'affuble ne peut la rendre méconnaissable. »
(*Passe-Temps équestres.*)

PARIS.

RUE DU FAUBOURG-SAINT-MARTIN, 11.

1842

OBSERVATIONS DE M. D'AURE.

—

Il est une triste vérité que j'ai déjà eu occasion de signaler, c'est qu'un homme, après avoir dépensé la moitié de sa vie en travaux consciencieux, après avoir surmonté des difficultés sans nombre et découvert, à force de persévérance, un principe qui ouvre à l'art et à la science une route nouvelle, que cet homme, dis-je, est loin encore d'avoir vaincu tous les obstacles. C'est alors, en effet, que s'éveillent et s'agitent les amours-propres froissés, les basses jalousies, je dirai même la mauvaise foi. La première lutte n'a rien que de stimulant pour l'artiste, le poëte ou le savant; ils trouvent dans le travail même, dans les résultats

1

obtenus, une ample compensation ; mais la seconde est bien propre à les décourager et à les dégoûter : c'est ce qui fait, sans doute, qu'il y a si peu d'hommes créateurs d'une doctrine ou d'un système à qui il ait été donné de les voir grandir de leur vivant. Il suffit d'attirer un instant l'attention publique pour qu'aussitôt la malignité humaine se déchaîne contre vous.

Tel est le sort auquel m'a exposé la découverte de ma nouvelle méthode d'équitation. Je m'y attendais, et, dans cette disposition, j'aurais, sans m'émouvoir, entendu toutes les clameurs. Mais voilà qu'au milieu de ces libelles, lancés sous prétexte de brochures, surgissent tout à coup quelques pages écrites par M. d'Aure, célébrité équestre assez haut placée pour que je crusse qu'il ne pouvait descendre à une semblable lutte, et se mêler à de pareils champions.

Cependant M. d'Aure, un petit mouvement de mauvaise humeur aidant, s'est laissé entraîner. On a souvent remarqué que c'est dans le *post-scriptum* d'une lettre qu'il faut aller chercher tout le fond de la pensée de son auteur. C'est bien là, en effet, c'est bien à la fin de la brochure de M. d'Aure que l'on découvre ce qui lui a fait prendre la plume.

Il me reproche d'avoir dit que *des chevaux que j'ai dressés auraient été précédemment manqués par lui.* Sans ce faux bavardage qu'on lui a fait, il ne m'aurait pas attaqué, c'est du moins ce qu'il fait entendre; donc, si sa brochure devait me causer un grand tort, mon *existence équestre* aurait été en *équilibre* sur une simple supposition. Toutefois j'ai lieu de croire que ce n'est pas là le seul motif qui a mis la plume à la main de M. d'Aure. Ne serait-ce point plutôt que mes découvertes qui, je l'espère, serviront à la science, ont piqué l'écuyer, et qu'alors on aurait voulu tâcher d'étouffer ou tout du moins d'obscurcir une lumière importune? Quoi qu'il en soit, M. d'Aure croit devoir proclamer, d'une part, que ma méthode a été pratiquée de tout temps, et qu'alors elle était bonne; de l'autre, qu'elle n'est mauvaise que parce que je prétends en être l'auteur et en faire usage.

Puis on entremêle la discussion de petites méchancetés et de petits mensonges sur moi et mes chevaux. M. d'Aure avance que *Partisan* était un cheval fort doux, dont les femmes et les enfants se sont amusés pendant deux ans. *Partisan,* célèbre dans le monde équestre par ses défenses, et qu'à raison de ces mêmes défenses j'ai payé seulement 500 fr. à

un des premiers amateurs de chevaux de Paris !
Partisan, dont l'ancien propriétaire est venu, après
que je l'eus dressé, m'offrir près de 5,000 fr.,
Partisan servait de jouet à des femmes et à des enfants ! Si je relève la fausseté de ce fait, c'est pour
faire observer que M. d'Aure n'a pas bien choisi
ses preuves, et que c'est mal défendre sa cause. La
seule chose digne du nom et de la réputation de
cet écuyer était d'attaquer mes principes dans toute
leur étendue, en s'appuyant sur des raisonnements.
A-t-il agi ainsi ? C'est ce que nous allons examiner.

« Ce n'est pas, comme on veut le faire croire,
» de 1840 que date l'emploi du cheval. »

Certes, il y a plus de deux ans que l'emploi du
cheval est connu, ainsi que le nord et l'aimant
l'étaient avant la boussole. Autant vaudrait dire à
l'auteur que son livre n'est pas nouveau, parce
que les lettres de l'alphabet avec lesquelles il a fait
cet ouvrage étaient connues avant lui. C'est le *bon
emploi* qui était inconnu ; c'est qu'on avait passé
par beaucoup de moyens sans s'arrêter à aucun, ni
définir ceux dont on se servait. Dans tous les ouvrages sur l'équitation, on trouve la preuve de ce
que j'avance.

En est-il un qu'on puisse mettre sérieusement

en pratique, y compris un in-4° de M. d'Aure, publié en 1834, et sur le compte duquel je reviendrai à la fin de cette réponse? Leurs auteurs ont tous bien certainement donné des principes autres que ceux qu'ils appliquaient pour le dressage de leurs chevaux; ils faisaient donc instinctivement de l'équitation pour eux, mais ils n'établissaient pas de principes pour les autres; ils ne se rendaient compte de rien, à moins que, ainsi que le dit modestement M. d'Aure pour lui-même, ils ne fussent pas *des dresseurs de chevaux.*

« Le talent d'un écuyer ne consiste pas à faire
» *parader* un cheval, mais bien à savoir utiliser
» ses moyens, et à l'employer au service auquel il
» est propre. »

Mais qu'entend donc M. d'Aure par *parader*? Est-ce un cheval contraint et décousu dans ses allures, ou bien est-ce un cheval majestueux dans ses poses, élégant et gracieux dans ses mouvements, un cheval dont les forces harmonisées entre elles fonctionnent avec tant de justesse, qu'il se joue des difficultés, et les surmonte sans efforts? Si c'est dans cette dernière hypothèse que M. d'Aure range la *parade*, je lui demanderai la permission d'être d'un avis diamétralement opposé au sien. J'ajouterai que l'art de disposer ainsi des forces et des ressorts du cheval est non-seulement l'essence de la science, le beau idéal de l'équitation, mais encore le seul moyen de donner tout l'éclat et le brillant possible aux allures simples. Mais pour cela il faut que le cheval ait été assoupli partiellement et généralement ; qu'il soit renfermé de manière à ce qu'on puisse donner à volonté telle ou telle direction aux forces, opérer telle ou telle translation de poids. Les difficultés ne sont point du goût personnel de M. d'Aure ; cela se conçoit de sa part, puisqu'il monte rarement à cheval, et n'aime pas à y monter [1]. Mais qu'il n'apprécie pas le résultat, l'avantage des difficultés surmontées, cela me surprend. M. d'Aure doit savoir que l'art de l'équitation, comme tous les arts, comme toutes les sciences, a ses difficultés. Or, tout artiste vraiment consciencieux doit ambitionner de les surmonter. Qui peut le plus peut le moins.

« La sensibilité étant le résultat de l'organi-
» sation, il ne dépend pas du cavalier de l'aug-
» menter ou de la diminuer ; il peut tout au plus
» la modifier. »

[1] C'est du moins ce que je lui ai entendu dire toutes les fois que nous nous sommes rencontrés.

Voilà un système qui est parfaitement celui de l'ancienne école, dont M. d'Aure est aujourd'hui le digne représentant.

Pour bien nous faire comprendre, nous allons examiner ce principe dans tout ce qu'il a de plus simple. Nous demanderons donc à M. d'Aure s'il ne lui est jamais arrivé de rencontrer des chevaux qui se retenaient dans les jambes, et qui, par suite de cette sorte d'acculement, y restaient malgré le soutien énergique des jambes et le contact vigoureux des éperons. Le cheval qui agit ainsi est donc dépourvu de sensibilité ; c'est un *carcan* (selon l'expression favorite de l'auteur), un carcan qu'il faut réformer, puisqu'on ne peut lui donner la qualité qui lui manque. Cependant, dans l'intérêt de la bourse et de la réputation de M. d'Aure, j'ose croire que lui-même en agira autrement, qu'il obtiendra, sans s'en rendre compte peut-être, de ce cheval en apparence si peu impressionnable, des mouvements plus faciles et une sensibilité plus grande, une fois les forces et les poids mieux répartis. C'est donc l'écuyer qui, par son tact, par l'ensemble de ses mouvements, parvient à changer la mauvaise direction des forces du cheval ; car c'est l'équilibre qui rend toutes les trans-

lations de poids promptes, faciles et régulières.
Une fois cet équilibre obtenu, l'écuyer a donc
donné au cheval une impressionnabilité que celui-
ci ne devait acquérir qu'après que cette difficulté
aurait été surmontée. Voilà l'équitation, voilà le
pouvoir de l'écuyer sur le cheval; si vous le lui
retranchez, retranchez en même temps l'art; fer-
mez les portes des manéges, et dites que l'équitation est une absurdité. Je pense que M. d'Aure
trouvera cet exemple à la portée de tout le monde,
et qu'il n'est même pas nécessaire d'être écuyer
pour le comprendre.

Maintenant si le cheval a une *irritabilité* que beaucoup de personnes, et M. d'Aure lui-même, confon-
dent avec une *sensibilité positive*, cette irritabilité
est causée par une action plus considérable, mais
plus souvent encore par des reins longs ou faibles,
par une croupe étroite, des jarrets acculés ou droits.
Alors, chez ce cheval, le mouvement rétrograde ou
sur lui-même est aussi difficile que le mouvement
en avant chez le premier. En effet, dans ce cas,
l'arrière-main est toujours trop éloignée du centre
pour que la translation des poids se fasse régulièrement; les jambes de devant, qui dans l'ordre
naturel ne devraient, je suppose, supporter que

vingt-cinq kilogrammes, sont constamment surchargées d'un poids double ou triple. Il faut encore
ajouter à ce poids toutes les forces qui se dirigent
en avant et qui donnent une tension effrayante à
l'encolure. On conçoit, en pareil cas, que le cheval,
ne pouvant que faiblement et péniblement se con-
tracter sur lui-même, se jettera violemment en
avant à la moindre pression des jambes. Voilà de
la sensibilité selon M. d'Aure, voilà un cheval dont
on ne pourra faire l'éducation, puisqu'il prétend
qu'on ne peut *diminuer la sensibilité du cheval.* Selon
moi, au contraire, c'est de l'irritabilité qui fera
place à la sensibilité lorsqu'on aura employé les
moyens que j'ai indiqués. Ces moyens, M. d'Aure
n'a pas cru devoir se donner la peine de les lire
ou de les approfondir, puisqu'ils sont écrits tout
au long dans mon dernier ouvrage.

Pour arriver à détruire cette irritabilité et à donner aux chevaux une vraie sensibilité, je commence
par l'encolure comme étant le point principal où
se manifeste la résistance : j'exerce cette partie
isolément par les moyens que j'ai indiqués ; il en
résulte que pouvant tourner à mon avantage le
bras de levier qu'elle représente, je m'en sers pour
faire refluer au centre les forces qui se précipitaient

avec trop de violence en avant. Ces forces, alors contenues dans de justes limites, me permettent de ramener l'arrière-main près du centre, de manière à ce que les forces se prêtent un mutuel secours et que le poids de la masse ait son flux et son reflux, facile et régulier. Bientôt le centre de gravité qui, trop porté en avant, opérerait un effet de bascule au désavantage de l'équilibre, reprend sa place au milieu du corps, rend le mouvement des extrémités souple, régulier, cadencé ou étendu. C'est alors que le cheval ainsi disposé reprend cette finesse de tact, cette sensibilité qui constituent la belle, la véritable équitation. C'est avec ce moyen trop simplement expliqué, peut-être, que l'on parvient à changer *la sensibilité* du cheval, ou plutôt que l'on rectifie la mauvaise direction de ses forces, la position vicieuse qu'elles entraînent et les mouvements irréguliers, confus, qui en sont la suite. C'est par ce moyen, le seul rationnel, que l'on parle intelligiblement au cheval, parce qu'alors il apprécie les effets de force du cavalier et se trouve tout disposé pour y répondre.

Suivons M. d'Aure dans ses scientifiques observations.

« J'en appelle à tout homme ayant usé du cheval

» activement, depuis le commis voyageur jusqu'au
» chasseur et à l'homme de guerre. Combien de
» fois n'ont-ils pas eu recours au courage et à l'in-
» telligence de cet animal ! Si dans certaines cir-
» constances il a besoin de l'aide et du secours du
» cavalier, combien aussi, dans d'autres, ce dernier
» a-t-il eu à se louer de lui avoir laissé cette sorte
» d'indépendance, cette confiance qui n'a pas éteint
» en lui l'instinct, l'énergie et la liberté des al-
» lures ! »

Deux volontés sont en présence, celle du cavalier et celle du cheval ; il faut que l'un des deux
fasse la volonté de l'autre, qu'il lui soit soumis en
tout et partout.

Quant à moi, je pense que le cheval est toujours
fait pour être dominé par l'homme, que le cavalier doit constamment maîtriser les forces de sa
monture afin de l'avoir sous sa dépendance. Il me
semble que cette opinion est plus conforme aux
lois du bon sens ainsi qu'à celles de la nature.

« La base du nouveau système consiste dans
» les flexions de l'encolure et dans ce qu'on appelle
» les flexions de mâchoire. »

La base de mon système, M. d'Aure, consiste
dans l'équilibre du cheval, non pas dans l'équi-

libre qui le préserve d'une chute, mais bien dans celui où toutes les forces se contre-balancent, où toutes les formes ressortent avantageusement, où tous les mouvements sont souples, gracieux et réguliers. Mon système consiste à faire prendre la position qui amène ce précieux résultat chez les chevaux qui, par leur conformation, en paraissent le plus éloignés, afin qu'il y ait parité dans le travail et analogie dans les mouvements de deux chevaux différemment conformés. Les flexions de mâchoire, d'encolure, de hanches, de reins, sont des moyens qui, pris isolément, donnent promptement (une fois la souplesse de ces parties acquise) la facilité de déplacer le centre de gravité. Alors on pourra passer successivement, sans grands efforts de la part du cavalier ni de celle du cheval, d'un mouvement accéléré à un mouvement lent, au temps d'arrêt, au reculer, au ramener, enfin au rassembler et à toutes les difficultés de l'équitation. Voilà quel est le but de ma méthode ; toutes les flexions, je le répète, ne sont que des effets isolés, des moyens préparatoires, pour conduire sûrement à un résultat prompt et infaillible. Il aurait été plus juste de suivre mes raisonnements, et comme mes principes s'enchaînent depuis le commencement jusqu'à la fin, il aurait été plus généreux et plus convenable aussi de ne pas les morceler, de ne pas en faire des lambeaux pour la critique.

Suivons les observations du sévère théoricien.

« Continuant à exploiter *l'ignorance de notre* » *époque*, on veut faire accepter aussi comme chose » nouvelle le ramener de la tête du cheval.

» Il faut savoir d'abord ce qu'on entend par » placer la tête d'un cheval. Cela ne consiste pas » tant, comme on se plaît à le dire, à la tenir per- » pendiculairement au sol, qu'à la placer de ma- » nière à ce que le mors trouve sur les barres un » appui qui donne les moyens d'arrêter le che- » val, de le maintenir, de le soutenir et de le di- » riger. »

Avant de répondre à ceci, je dirai à M. d'Aure, qui croit ses arrêts sans appel, que bientôt je veux qu'il juge lui-même, d'après la manière dont mes principes ont été partout discutés et examinés, si j'ai exploité l'ignorance du siècle! Il verra si, dans aucun temps, on s'est aussi généralement occupé de l'équitation.

D'où vient cet élan pour la mise en pratique d'une méthode nouvelle? C'est que les faits mille fois répétés attestent sa supériorité sur toutes les vieilleries pratiquées jusqu'à ce jour.

Poursuivons; M. d'Aure dit : « Continuant à ex- » ploiter l'ignorance de notre époque, on veut faire » accepter aussi comme chose nouvelle le ramener » etc., etc. » Puis il ajoute : « Placer la tête du » cheval ne consiste pas, comme on se plaît à le » dire, à la tenir perpendiculairement. » Puis en- core : « Si M. Baucher a eu la bonne foi de pen- » ser qu'autrefois les chevaux se plaçaient tout » seuls, etc., etc. »

Évidemment ici M. d'Aure n'est pas conséquent avec lui-même : d'une part il établit que placer la tête d'un cheval est chose usitée depuis longtemps, et td el'autre il critique la position perpendiculaire de la tête, *parce que* c'est cette position que je re- commande. Il me semble qu'on pourrait apporter plus de loyauté et de franchise dans la discussion. M. d'Aure dit : « Il suffit de placer la tête de manière » à ce que le mors trouve sur les barres un appui » qui donne les moyens d'arrêter, etc., etc. » Qu'est- ce que cela veut dire ? Une seule position chez le cheval donne la légèreté, c'est l'équilibre; l'équi- libre bien entendu résume toute l'équitation. J'en- tends par équilibre cette position où, sans le secours des rênes, pour ainsi dire, le cheval conserve la tête dans la perpendiculaire : en dehors de cette position, il y a résistance, il n'y a point de gracieux, point de régularité dans les mouvements. Les défenses sont toujours précédées d'un déplacement de la tête, dépassant la perpendiculaire en haut comme en bas, puis d'une translation de poids d'une partie sur l'autre. Il faut, pour qu'un cheval se défende, qu'il sorte de la perpendiculaire ; on peut donc prévenir ce déplacement en entretenant l'équilibre, et dès lors paralyser la défense qui en est la suite. Dans cette position d'équilibre, vous n'avez plus de forces contre vous, en dehors de celles qui sont utiles à la progression du mouvement ; le cheval apprécie plus vite ce qu'on lui demande et répond instantanément aux moindres indications du cavalier. Ceci est de l'équitation ; ceci constitue l'écuyer.

Je pense qu'un pareil principe vaut bien ce *logogriphe* : « Placer la tête de manière à ce que le » mors trouve sur les barres un appui qui donne » les moyens d'arrêter, etc., etc. » Quelle est cette position ? Car, je l'ai déjà dit, en dehors de la perpendiculaire, le cheval présentera toujours des résistances, sera roide, et par conséquent disgracieux. Voilà bien les phrases insignifiantes ou équivoques qui ont été écrites depuis cent cinquante ans. Grâce à elles, c'est à peine si chaque demi-siècle a vu sortir des décombres équestres une ou deux sommités respectables ; c'est à cause d'elles que l'art est devenu le partage de savants écuyers qui expliquent tout, excepté l'équitation.

« C'est pour cela, sans doute, qu'avec ce sys-
» tème on prétend que tous les chevaux piaffent.
» Cela est naturel : un cheval retenu par devant et
» excité par derrière est bien obligé de piaffer. »

M. d'Aure me permettra de croire que M. D'abzac et autres grands maîtres, sur l'autorité desquels il s'appuie avec raison, se faisaient une autre idée du piaffer et des moyens de l'obtenir. On pourrait dire avec autant de justesse. que pour faire de la poésie il suffit de ne pas écrire en prose, mais en lignes composées d'un certain nombre de syllabes avec rime et césure. Tout le monde n'est pas de l'avis de M. d'Aure, et *l'ignorance du siècle* persiste à apprécier le piaffer, à admirer ce mouvement régulièrement donné, où toutes les formes sont dans une harmonie parfaite et paraissent se combiner chez le cheval pour tenir cette masse un moment suspendue ; — les jambes se

mouvant par la diagonale, se lèvent à une même
hauteur, se baissent en même temps ; — les rênes
sont demi-flottantes, et les jambes du cavalier n'a-
gissent que pour régler et rhythmer la cadence.
Mais pour arriver à ce *nec plus ultrà* dans l'art, dans
la science de l'équitation, pour faire ressortir ainsi
tout ce qu'il y a de beau, de brillant, de poétique
dans la nature du cheval, il faut, hélas ! suivre la
méthode qui maintenant trouble la tranquillité de
messieurs les grands maîtres ; il faut des flexions
partielles et générales ; il faut un ramener parfait,
un rassembler complet ; il faut comprendre ce rassembler, et ne pas le placer, ainsi que le font des notabilités équestres, indistinctement avant ou après
le ramener. Mais j'oubliais que ces notabilités ne
comprennent pas ou ne *veulent pas* comprendre le
ramener, et qu'elles ont voué au mépris toutes les
niaiseries de l'art.

« Quoi que l'on puisse dire, poursuit l'auteur,
» la meilleure préparation pour dresser un jeune
» cheval, c'est de l'habituer à se porter en avant
» en tirant sur les bridons, etc., etc. »

Si l'on mettait ce principe en pratique sur tous
les chevaux, quelle que fût d'ailleurs leur action,
leur position de corps et d'encolure, je doute fort

2

qu'on obtînt rien de très-satisfaisant. C'est bien là encore le style énigmatique, amphibologique de l'ancienne école : donner constamment, comme règle générale, des principes qui ne sont praticables que dans des circonstances particulières. Suffit-il toujours d'augmenter l'impulsion du cheval? Et, pour l'intelligence du lecteur qui voudrait exécuter d'après cette manière de poser le principe, l'auteur n'a-t-il rien à ajouter? J'en demande bien pardon à M. d'Aure, mais le *paradeur du Cirque* va suppléer au mutisme dans lequel *le grand écuyer* se renferme avec tant d'obstination pour servir sa cause.

Les moyens de diriger le cheval, de rendre ses mouvement faciles, réguliers et gracieux, se résument dans ces deux mots, *action, position.* L'action sert à donner l'impulsion. La main doit s'emparer de cette impulsion au profit de la position, qui elle-même détermine et règle le mouvement. Si l'action est trop considérable, l'impulsion trop forte, le cheval prendra à l'insu du cavalier une position avec laquelle il fera sa volonté ou luttera souvent avec avantage. Si au contraire il manque d'action, l'impulsion sera lente et pénible, et comme il n'y a pas de position sans force, la position ne pourra pas avoir lieu. Il est bien essentiel d'éviter ces deux extrémités, soit qu'elles proviennent du cavalier, soit qu'elles émanent du cheval. Alors, dans l'un et l'autre cas, que deviendra la règle absolue donnée par M. d'Aure? Serait-ce toujours de la pression des jambes qu'il faudrait faire usage avec le cheval d'action, disposé qu'il est par la nature à se jeter sur la main avec une grande tension d'encolure? A la bonne heure, s'il s'agit d'aller un train de course; mais non si l'on veut le rendre calme et régulier dans ses mouvements. Maintenant, si au contraire le cheval est froid, il faut le porter sur la main sans réserve. Mais dans quelle intention? Pour lui donner une position qui serve à le dominer complétement.

Comment user et profiter de ces constructions diverses, de ces actions différentes, si ce n'est au moyen des procédés qui ont pour base générale l'équilibre[1]? Par l'équilibre, une action trop con-

---

[1] Le mot *équilibre*, qui se trouve si souvent répété dans le cours de cet ouvrage, a besoin d'être expliqué d'une manière catégorique. On ne s'est jamais entendu sur ce qui constitue le véritable équilibre du cheval, celui qui sert de base à son éducation, celui enfin par lequel il prend immédiatement, à la volonté du cavalier, telle allure ou tel changement de direction.

Il ne s'agit pas ici de l'équilibre qui empêche le cheval de tomber,

sidérable, et par conséquent nuisible, devient une qualité que j'utilise.

mais bien de cet équilibre sur lequel repose son travail, quand il est prompt, gracieux et régulier, et au moyen duquel ses allures sont à volonté cadencées ou étendues.

Tous les praticiens qui ont écrit sur l'équitation sont bien loin d'être d'accord au sujet de l'équilibre. L'ancienne équitation (comme aussi l'équitation présente des Allemands), jusqu'à M. d'Aure, entendait par ce mot le cheval constamment sur les hanches, les pieds de derrière pour ainsi dire cloués au sol, ceux de devant s'élevant considérable-- ment, proportion gardée.

On comprend tout ce qu'avait de défectueux et de dangereux, même dans de bonnes mains, cette position perpétuellement renversée ; elle compromettait l'arrière-main, en ne permettant d'obtenir, comme je l'ai dit, qu'un trot raccourci, bas du derrière, et élevé du devant.

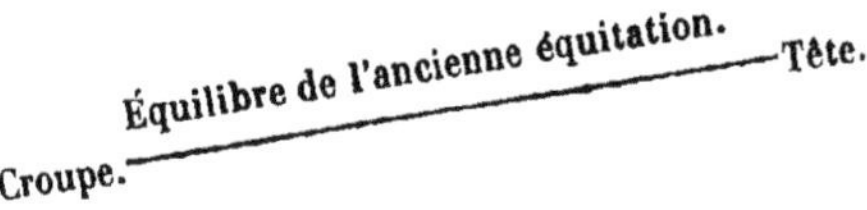

M. d'Aure, tout en appelant à son secours les principes de ses pré- décesseurs, détruit de fond en comble leur équitation ; il donne une direction opposée à l'équilibre du cheval ; il ne met pas ses chevaux sur les hanches, il les jette sur les épaules.

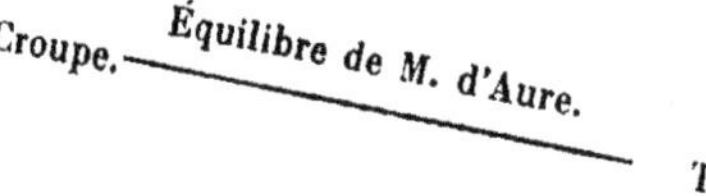

Ceci est un nouveau moyen de paralyser l'ensemble des ressorts du

Qu'un écuyer de bonne foi mette de côté le préjugé, qu'il oublie pendant quelque temps les préceptes enracinés par la routine, qu'il lise attentivement et sans prévention mon ouvrage dans son entier, il comprendra alors à quoi servent mes assouplissements, mes attaques, etc., etc. Il jugera d'abord si jamais ces moyens ont été usités avant moi; puis, s'il les met en pratique avec suite et gradation, il trouvera la *clef* de tout ce qu'on peut faire sur des chevaux d'une construction in-

cheval; puisque l'arrière-main restera toujours trop éloignée du centre pour favoriser la juste translation des poids et aider à la régularité des mouvements.

Par suite de la difficulté du reflux de poids, les épaules, étant constamment surchargées, mettront le cheval hors de ses aplombs, entraîneront des chutes fréquentes chez les constructions faibles, et le cavalier aura sur la main une résistance souvent insurmontable. Il est bien entendu que les chevaux, ainsi placés, seront en outre sans grâce et sans précision dans leurs mouvements.

L'équilibre que j'exige ne ressemble en rien aux équilibres précédents.

Équilibre Baucher.

Croupe.————————————————Tête.

Il s'agit ici de répartir *également* les forces et le poids. Au moyen de cette juste répartition, s'obtiennent sans efforts, de la part du cavalier et de celle du cheval, les différentes positions, les allures diverses et les équilibres qu'elles comportent.

férieure, et cela dans un espace de 14 mètres. C'est alors que, grandissant les moyens du cheval, cet écuyer sera tout disposé à faire autre chose que de *l'équitation large*, ainsi qu'on est convenu de l'appeler [1].

La brochure de M. d'Aure dit encore, page 17 :
« J'aurai à parler maintenant du système des
» attaques d'éperons, moyen parfaitement connu
» en équitation, et que l'on veut aussi faire adop-
» ter comme chose nouvelle. Les éperons ne sont
» que le complément de l'action des jambes; on
» les emploie pour en augmenter l'effet. Comme je
» l'ai écrit dans mon traité publié en 1834, afin
» de maintenir le cheval dans son équilibre toutes
» les fois qu'une action a lieu, elle doit avoir son
» soutien. Un cheval n'est réellement dressé que
» lorsqu'il se porte franchement en avant à l'atta-
» que de l'éperon. C'est une aide dont il faut être
» sobre, afin de lui conserver toute sa puissance;
» trop de chevaux sont enclins à *rester* à l'éperon
» et à se pousser dessus. C'est donc un tort de les
» habituer à le sentir perpétuellement, surtout

---

[1] M. d'Aure, d'après tout ce que j'ai lu de ses écrits, entend par *équitation large* laisser le cheval livré à lui-même, sans s'inquiéter qu'il marche régulièrement, pourvu qu'il marche vite.

» par de petits à-coups, comme le conseille la nou-
» velle méthode. »

Certes, de temps immémorial on s'est servi des éperons, mais d'une manière entièrement opposée à celle que j'indique ; ce moyen n'est donc pas *parfaitement connu*, ainsi que le prétend M. d'Aure. Ceci admis, j'inviterai M. d'Aure, pour éviter des redites, à vouloir bien consulter mon dernier ouvrage ; il verra que j'ai défini les effets de ces petites attaques progressives et de leurs merveilleux résultats pour développer les moyens du cheval et le renfermer dans l'obéissance ; il verra qu'elles n'ont pour but que de déplacer la quantité de forces dont la main s'empare au profit de l'équilibre, et non pas de jeter la masse brusquement en avant, effet que doivent produire les violentes attaques de M. d'Aure *sur un cheval hors la main et à l'encolure tendue.* Voilà en quoi consiste la différence entre les principes de M. d'Aure et les miens. Il use des attaques pour augmenter la vitesse des allures, et moi j'en fais usage pour changer les positions qui servent à régler les allures et à augmenter la vitesse. Il faut passer par le premier étage avant d'arriver au second. Que M. d'Aure remonte aux causes, qu'il en définisse les effets, et tout me porte à croire qu'après cela nous nous comprendrons parfaitement.

M. d'Aure n'aime pas les chevaux qui piaffent : il ne faut pas disputer des goûts ; laissons-le parler :

« Or, l'équitation ne consiste pas à savoir faire » piaffer tous les chevaux. Il en est beaucoup qui » piaffent sans avoir besoin de la nouvelle mé- » thode ; les uns, parce qu'ils ont une surabondance » d'action ; les autres, parce que quelques souf- » frances excitent leur sensibilité ; mais à quoi sert » de faire piaffer ceux qui veulent rester tran- » quilles ? Quelle peut être l'utilité d'une sem- » blable allure ? »

M. d'Aure n'est souvent pas compréhensible ; il se fait le champion des anciens auteurs, et d'un trait de plume il condamne ce qu'ils ont approuvé. Le doyen des classiques, M. De la Guérinière, aimait beaucoup à mettre ses chevaux au piaffer, etc.

N'est-il pas évident que l'homme qui a écrit une pareille définition ne comprend pas ce qui constitue le vrai piaffer ? En conséquence, on ne saurait s'étonner qu'il ne comprenne pas davantage son utilité. Je ne crois pas devoir ici m'étendre davantage sur ce sujet ; je renvoie aux ouvrages dans lesquels je l'ai traité. Je ferai seulement observer à M. d'Aure que tout ce qui concourt à donner de la puissance, de la grâce et de l'élégance aux mouvements du cheval, est du domaine de l'écuyer savant et consciencieux. J'ajouterai qu'il ne faut pas surtout confondre ce mouvement régulier, brillant et majestueux, avec les trépignements convulsifs par lesquels un cheval marque son impatience ; trépignements qui doivent être le résultat du principe de M. d'Aure, et, pour employer ses propres expressions, de la position d'un cheval *retenu par devant et sollicité par derrière*. Enfin, M. d'Aure recommande de laisser tranquilles les chevaux qui ne veulent pas piaffer. Si cette recommandation n'est pas fort instructive, elle est au moins bien attendrissante.

« Était-il nécessaire, ajoute M. d'Aure, aux élè- » ves des d'Abzac, des Coupé, des Jardin, de » prendre un engagement au Cirque pour se faire » connaître ? »

Je laisse au public le soin d'apprécier ce qu'il y a de noble, de délicat et surtout de concluant dans une pareille personnalité.

Passons à une profession de foi modeste et désintéressée du même auteur :

« Loin de ma pensée d'attacher à mes paroles
» rien qui me soit personnel ; j'ai, toute ma vie, en-
» visagé le cheval et son éducation d'un point de
» vue trop élevé pour mettre quelque importance
» à de pareilles misères : aussi, aurais-je été tout
» disposé à accepter comme une heureuse innova-
» tion l'application de ces nouveaux moyens, s'ils
» m'avaient paru bons. etc. »

Je suis *loin* de croire que les résultats, les succès obtenus par mon système aient pu causer un
moment d'envie ou de jalousie à M. d'Aure. J'ad-
mets, ainsi qu'il le dit, que s'il s'est décidé à attaquer ma méthode, c'est uniquement parce qu'il la
trouvait mauvaise et dangereuse. Mais il me semble
que la raison et la conscience exigent que l'on
commence par étudier et par connaître parfaitement une chose avant de l'attaquer. D'après cela,
il me sera permis de m'étonner que M. d'Aure
n'ait pas cru devoir assister à un seul des essais
nombreux et solennels qui ont été faits à Paris
même. Maintenant que l'élan est donné, la brochure arrive trop tard ! Déjà, dans l'armée, plus
de douze cents chevaux entièrement neufs ont été
dressés par leurs cavaliers ; en moins de six se-
maines, ils ont été mis en état de passer à l'école

d'escadron. *Cinquante* rapports consciencieux et favorables, rédigés par des généraux, colonels, chefs d'escadron, capitaines instructeurs et lieutenants, ont été adressés à M. le ministre de la guerre ; son excellence elle-même a été témoin des expériences faites sur cinquante chevaux de la garnison de Paris qui n'avaient pas encore été montés , et qui ont été dressés en dix-huit jours. Ainsi, sans le secours de M. d'Aure et malgré sa critique, le Gouvernement améliore l'art hippique et régénère l'armée sous le point de vue équestre. La Hollande et la Belgique, où ma méthode est en vigueur, la pratiquent avec succès. Qu'alléguer en présence de pareils faits ?

Je ne puis donc attribuer la brochure de M. d'Aure qu'à une manie de polémique qui depuis quelque temps semble s'être emparée de lui. Cette polémique n'a pas toujours été à son avantage ; les professeurs des haras, auxquels l'auteur s'est adressé d'une manière peu bienveillante, ont riposté sévèrement, et M. d'Aure est loin d'être sorti vainqueur de la lutte. Quant à la brochure qui me concerne, je regrette que l'auteur se soit laissé entraîner à un pareil genre d'attaques, qu'il ait cru devoir remplacer trop souvent le raisonnement

et la discussion par des divagations et des person-
nalités. Les dernières pages surtout sont d'un style
vraiment inouï; on dirait que la brochure a été
écrite par deux plumes différentes. En ce cas, je
serais tenté de croire que la fin est émanée du cer-
veau suffisamment connu d'un M. Aubert.

Je crois devoir, pour compléter cette réponse, y
joindre quelques observations sur les principes de
M. d'Aure publiés en 1834 (1 vol. grand in-4°).
J'engage le lecteur à suivre attentivement les pas-
sages guillemettés, ils sont extraits textuellement
de l'ouvrage; beaucoup se réfutent d'eux-mêmes;
d'autres... Mais laissons le lecteur juger lui-même
sur pièces.

PAGE 13. — LE CHEVAL EN BRIDON.

L'auteur juge à propos d'indiquer la manière de tenir les rênes et de placer les poignets. Depuis cent ans ces principes ont été donnés et redonnés, écrits, copiés et recopiés par quarante vénérables auteurs ; on doit se contenter maintenant de les expliquer oralement aux élèves qui prennent leurs premières leçons, et ne pas les écrire.

PAGE 15. — LE CHEVAL EN BRIDE.

Même érudition ; l'auteur fait connaître que les rênes sont séparées par le petit doigt et sortent entre l'index et le pouce ; il ajoute :

« Lorsqu'on désirera changer la direction , la
» main se portera dans la nouvelle direction qu'on
» voudra suivre. »

Voilà qui est instructif ! Passons à la fin du chapitre :

« Si l'on veut arrêter on l'enlèvera (la main)
» devant soi, jusqu'à ce que le cheval reste en place,
» en ayant soin de ne plus faire agir les jambes ;
» pour reculer, on élèvera la main jusqu'à ce qu'il
» rétrograde ; aussitôt qu'il se portera en arrière,
» pour qu'il ne recule pas avec trop de précipita-
» tion, on diminuera l'effet du mors en baissant la
» main. »

C'est sans doute au *point de vue trop élevé* d'où
M. d'Aure considère l'équitation, c'est à son mépris
pour les *misères de l'art*, que nous devons un pareil principe. Il est, au contraire, de règle générale
qu'on ne doit pas arrêter ni reculer un cheval sans
le secours des jambes. Tous les auteurs raison-
nables ont au moins ajouté (sans autre explication,
il est vrai) que les jambes devaient accompagner la
main, ce qui ne suffit pas. Il faut, et je l'ai prouvé,
que dans tous les effets rétrogrades les jambes
précèdent la main.

PAGE 17. — HAUTE ÉCOLE.

Sans doute, d'après l'auteur, le cavalier qui sait
comment doivent être placés les poignets peut
aborder les grandes difficultés de l'équitation ;

mais M. d'Aure ne parle pas plus de ces difficultés que de la manière de les surmonter. Il se contente de dire avec une grande simplicité :

« Le travail de la haute école fait connaître d'une
» manière précise et détaillée les moyens à em-
» ployer pour savoir, exiger avec discernement et
» obtenir d'un cheval dressé ce qui peut tendre à sa
» conservation en même temps qu'à la sûreté du
cavalier. »

C'est ce qu'il y a de plus saillant dans les pages 17 et 18. M. d'Aure dit que c'est *la haute école qui indique les moyens;* il aurait été peut-être plus instructif pour l'élève d'*indiquer les moyens* de faire la haute école. M. d'Aure n'a pas jugé à propos de prendre cette peine, sans doute parce qu'il a pensé que les principes *généraux* ci-dessous lèveraient tous les doutes, si par hasard il y en avait.

PRINCIPES GÉNÉRAUX.

« Les jambes, par leur position, agissent sur les
» parties postérieures du cheval, et tendent à
» le porter en avant. La main, au contraire, qui
» tient la bride, agit sur les parties antérieures et
» sert à l'arrêter à et le diriger. »

De ces principes on conclura nécessairement
que c'est avec la main que l'on tient la bride.
M. d'Aure enfin définit quelque chose.

PAGE 20. — ACTION DU MORS, EFFET DES RÊNES.

« Le mors sert à arrêter, à faire reculer et à
» porter le cheval à droite et à gauche ; en bascu-
» lant il marque sur les barres une pression à la-
» quelle le cheval cède (quand il ne résiste pas),
» c'est ce qui le fait reculer. Il est donc essentiel,
» lorsque vous voulez, sans reculer, tourner dans
» une direction quelconque, de faire agir les rênes
» de manière à ce que le mors ne bascule pas. »

Ce qui veut dire : Lorsque vous voulez tourner,
il ne faut pas employer les moyens dont on use
pour reculer ; mais n'aurait-il pas été plus simple
de dire tout *bonnement* ce qu'il faut faire, et non ce
qu'il ne faut pas faire ?

L'auteur termine cet article en disant que : « Si
» l'on marque un point d'appui plus fort sur une
» barre que sur l'autre, fuyant plutôt la pression
» la plus forte, il y cédera en reculant de travers. »

Ceci me semble une découverte admirable ; est-
elle le résultat du hasard ou du raisonnement ?

PAGE 22. — EFFET DES JAMBES.

« Les jambes servent à mettre le cheval en mou-
» vement. Elles contiennent l'arrière-main ou lui
» donnent une direction quelconque ; elles agissent
» sur cette partie comme les rênes sur la bouche
» et l'encolure, c'est-à-dire que, lorsqu'elles tombe-
» ront également près des aides, elles maintien-
» dront droite l'arrière-main ; mais si, au con-
» traire, une jambe offre plus de résistance que
» l'autre, l'arrière-main, cédant à cette pression,
» fuira du côté opposé. »

Ceci semble le complément de la précédente découverte ; le principe qui en découle est également
expliqué avec une grande candeur.

La mère en permettra la lecture à sa fille.

RÉSUMÉ, PAGE 23.

Pour qu'il n'y ait pas de confusion dans les
moyens d'action, l'auteur prend la peine de les
résumer de nouveau :

« L'action de la main est totalement opposée à
» celle des jambes, puisque la main sert à arrêter
» ou reculer, comme les jambes portent en avant,
» tandis que la pression séparée des jambes exerce
» sur les aides une sensation semblable à l'appui
» de la rêne sur l'encolure et la branche du mors. »

J'aurais dû peut-être ne pas reproduire cette
partie du texte, mais il est bien que le lecteur
sache tout ce que peut produire un grand nom.

PAGE 25.

Ici M. d'Aure divise ses préceptes en trois leçons : 1° des effets du mors et de la bride ; 2° de
l'effet des jambes ; 3° de l'accord de ces divers
effets.

PREMIÈRE LEÇON.

L'auteur dit que le cheval tourne à droite par
la pression de la rêne droite avec la main à droite,
puis il ajoute, comme explication à l'appui, que
« *l'ouverture* de la rêne fera sentir une opposition
» sur la barre droite, et ainsi de suite. »

Je ne puis aller plus loin, fatigué que je suis

d'avoir entendu de jeunes écuyers commenter ces séduisants principes à des élèves qui cherchaient vainement à les comprendre.

La deuxième leçon remplit les pages 27 et 28 ; il s'agit toujours d'*ouverture* de rêne, puis des deux rênes qui , opérant ensemble, « provoquent dans » la bouche du cheval un travail qui lui fait goûter » le mors et lui en rend la sensation moins dés- » agréable. »

J'avoue que je ne puis discuter un pareil galimatias.

PAGE 29.

Le résumé est une répétition exacte de ce qui vient d'être dit : c'est de *tirer le mors à soi, de sentir la rêne, de maintenir la rêne et d'ouvrir la rêne* ; il faut que M. d'Aure ait une bien mince idée de l'intelligence humaine pour la traiter ainsi sans cérémonie.

PAGE 30. — TROISIÈME LEÇON.

Changement de direction par les jambes.
Je laisse de côté la partie mécanique, et j'arrive

à la conséquence de ses effets. Le docteur en équitation dit :

« Il faudra étudier la différence de ces deux ac-
» tions (la main et les jambes), afin d'en coordon-
» ner plus tard les effets et de concevoir, dans les
» divers mouvements qu'on pourra exécuter, que
» si le cheval recule plus qu'il ne doit, c'est que la
» main agit trop et que les jambes ne maintiennent
» pas assez ; comme aussi, s'il avance trop, c'est que
» les jambes exercent trop de pression et que la
» main n'est plus assez assurée. »

Donc, si la bille qui doit arriver sur un point donné reste en deçà, c'est qu'on ne l'a pas poussée avec assez de force ; si, au contraire, elle va au delà, c'est que la force a été trop grande. Cette petite comparaison, venant en aide à la perspicacité du lecteur, lui fera peut-être retirer tout le fruit d'un axiome aussi nouveau.

PAGE 34. — APLOMB DU CHEVAL, ACCORD DES MAINS
ET DES JAMBES.

« Si vous voulez aller en avant, les jambes por-
» tant l'arrière-main sur les épaules ; cette der-
» nière partie, étant plus surchargée, cherchera

» un appui sur le mors. C'est ce soutien fixe, mais
» léger, qu'on laisse prendre sur le mors qui s'ap-
» pelle mettre un cheval dans la main ; plus la tête
» se place perpendiculairement, mieux il est dans
» la main. »

M. d'Aure peut *commettre* de pareils aphorismes,
sa réputation est là pour leur donner un démenti.

Recette pour mettre un cheval dans la main :
« Vous portez l'arrière-main sur les épaules, le
» cheval cherche un appui sur le mors, et la mise
» en main suit immédiatement. »

Je dois faire remarquer ici les propres paroles de
M. d'Aure : « *Plus la tête* SE PLACE PERPENDICULAIRE-
» MENT, *mieux il est dans la main.* » Or on se rap-
pellera que dans sa brochure dirigée contre ma méthode, et dont je me suis occupé en commençant,
il attaque cette position *parce que* je l'indique.
Ne lui suffit-il donc pas de discuter avec les
autres, sans être encore en contradiction avec lui-
même?

PAGES 35 ET 36.

« Ainsi, plus un cheval sera assis, plus il aura
» la bouche belle, et plus les jambes devront agir ;
» plus il sera sur les épaules, plus le point d'ap-

» pui sur la main sera grand. Cette explication
» (ajoute l'auteur) pourra paraître étrange, parce
» qu'elle n'a jamais été démontrée. »

Je ferai observer à M. d'Aure que *mon Dictionnaire raisonné d'équitation* a paru un an avant son
in-4°. C'est assez lui dire que ce qu'il prétend être
de lui m'appartient. Le lecteur trouvera dans mon
dictionnaire des dissertations à l'appui du principe.

PAGE 38. — RÉSUMÉ.

« Lorsqu'un cheval porte trop sur les parties
» antérieures, on dit qu'il est sur les épaules ;
» quand au contraire il porte davantage sur l'ar-
» rière-main, il est trop assis : l'inégalité de forces
» ou de souplesse entre ces parties produit l'un
» et l'autre effet. »

On pourrait croire que je ne prends que des frag-
ments insignifiants, qu'il est impossible que l'auteur ne donne pas quelques préceptes, qu'il ne
peut pas se borner ainsi à dire que c'est la main
qui porte l'avant-main sur les hanches et les
jambes qui portent le cheval sur les épaules. Rien
n'est plus vrai cependant, et quiconque voudra

prendre la peine de lire le *Traité d'équitation* de
M. d'Aure n'y trouvera nulle part l'indication
d'une cause, la démonstration et l'explication d'un
effet.

PAGE 40. — DES CAUSES QUI PORTENT LE CHEVAL SUR
L'AVANT-MAIN.

« La première est causée par la pesanteur de la
» tête, la deuxième lorsque la liberté et la force
» de l'arrière-main sont inférieures à celles de
» l'avant-main, et la troisième est causée par une
» grande roideur dans les hanches et dans les jar-
» rets. » L'auteur ajoute : « Il faudra chercher
» alors les moyens les plus propres à le mettre
» dans un équilibre naturel. »

Le lecteur s'imagine sans doute que M. d'Aure
va enfin lui indiquer ces moyens : erreur ; l'illustre
écuyer a une équitation *trop large* pour descendre
à de pareilles minuties.

PAGE 42. — POSITION DE LA TÊTE DU CHEVAL PORTANT SUR L'AVANT-MAIN.

Ici, même science, même vague, même façon de donner des éclaircissements; l'auteur indique comment est placée la tête lorsque le cheval résiste plus ou moins; mais quant aux moyens de rectifier ces mauvaises positions, moyens sans lesquels l'éducation est impossible, M. d'Aure n'en dit pas un mot.

PAGE 49. — RÉSUMÉ GÉNÉRAL.

« Nous venons de voir les diverses manières
» dont un cheval sort de son aplomb; nous savons
» que c'est par le secours des mains et des jambes
» que nous pouvons le rectifier. »

Ah! oui, nous savons cela! *Et la manière de s'en servir*, M. d'Aure nous la dira-t-il enfin?

« Comme aussi nous pouvons porter un cheval
» ou sur les épaules, ou sur les hanches, en nous
» servant, pour maintenir son équilibre, de la
» puissance de nos aides. »

Toujours des vérités aussi neuves qu'instructives!

PAGE 52. — DE L'EMBOUCHURE.

« Lorsqu'un cheval porte sur le devant, soit par
» la dureté de la bouche, ou par la pesanteur des
» épaules ou de l'encolure, il faut alors user d'em-
» bouchures assez dures pour exciter la sensibi-
» lité, faire craindre la sujétion du mors, et avoir
» par là le moyen de reporter sur l'arrière-main
» l'excédant du poids qui charge le devant. »

Ici encore l'auteur est en opposition formelle
avec lui-même. (Voir ce qu'il a dit précédemment,
page 37.) Il me serait facile de réfuter les erreurs
contenues dans les lignes ci-dessus, mais ne vou-
lant pas ici m'étendre sur un sujet que j'ai appro-
fondi ailleurs, je suis obligé de renvoyer aux ouvrages que M. d'Aure dénigre.

PAGE 54. — DES ALLURES.

« Les allures sont susceptibles d'augmentation
» ou de diminution (M. d'Aure nous fait passer de
» surprises en surprises). Ainsi on peut marcher
» le pas, le trot ou le galop, d'aplomb ou assis, ou
» trop sur les épaules. »

Voilà tout ce que le cheval peut faire ; lecteurs,

usez-en sans crainte, profitez de la manière *large*
avec laquelle l'auteur voit les choses, et n'en demandez pas davantage.

PAGE 57. — DU PAS.

« Le pas est la plus lente des allures. »

O M. de la Palisse ! votre ombre a dû tressaillir
d'aise en entendant proclamer cette étonnante vérité.

PAGE 58. — DU TROT.

« Dans le trot, les jambes suivent la même mar-
». che qu'au pas, avec cette différence que l'allure
» étant plus allongée et plus vive, les membres
» prennent alors plus de développement, et les
» pieds se remplacent avec plus de promptitude. »

Ainsi, nous devons nécessairement rester con-
vaincus maintenant que le cheval va plus vite au
trot qu'au pas !!!

PAGE 59. — DU GALOP.

« Dans le galop, les jambes marquent toujours
» leur appui diagonalement, mais elles agissent
» d'une manière différente : au lieu de venir alter-
» nativement en avant, comme dans le pas et le
» trot, un seul côté agit toujours le premier ; le
» cheval marche par des sauts répétés, qui font
» qu'à chaque temps il quitte la terre. »

Qu'est-ce que tout cela nous apprend? Depuis
cent cinquante ans on nous a rebattus de ces vieilles
données insignifiantes ; ce qu'il nous faut maintenant, ce sont des principes raisonnés, qui expliquent les conditions à remplir pour que le cheval,
quel qu'il soit, exécute franchement et à volonté
les trois allures. Espérons qu'après avoir relu ses
chers auteurs, M. d'Aure les retraduira d'une manière plus avantageuse pour lui, et surtout pour
ceux qui tiennent à se former une conviction avec
ses principes.

PAGE 64. — DES MOYENS D'EXIGER DES ALLURES.

Explication préliminaire.

« Ainsi, lorsque la bride porte le poids des épaules
» sur l'arrière-main, c'est la main qui agit et les
» jambes qui soutiennent ; lorsqu'au contraire les
» jambes chassent la masse en avant, ce sont elles
» qui agissent et la main qui soutient. »

On remarquera que si M. d'Aure ne juge pas convenable d'entrer dans des explications, il laisse de
temps en temps couler négligemment de sa plume
des axiomes qui ont bien leur prix.

PAGE 65.

« Nous savons que plus les allures sont allongées,
» plus le cheval pèse sur le devant, et plus elles sont
» raccourcies, plus il est sur le derrière. »

Si M. d'Aure voulait se rendre compte exacte-
ment de ce qui constitue un cheval en équilibre, il
comprendrait que ce cheval peut prendre le trot

accéléré sans peser sur le devant, et que l'on peut
par cette raison diminuer la vitesse de l'allure sans
qu'il soit pour cela sur le derrière. Ainsi je lui ferai
voir des chevaux reculant au pas et même au trot,
avec une élévation des jambes de derrière égale à
celle des jambes de devant ; ce qui prouve jusqu'à
l'évidence l'équilibre du cheval, mais l'équilibre
comme je l'entends.

PAGE 66. — MOYENS DE METTRE LE CHEVAL AU PAS.

« Pour obtenir l'allure du pas, il faut faire agir
» les jambes, légèrement et par degré, afin que trop
» de forces ne lui fasse pas éprouver une sensa-
» tion qui pourrait l'engager à passer à une allure
» plus allongée ; à mesure que les jambes agiront
» pour porter le cheval en avant, la main doit se
» fixer légèrement pour maintenir le devant et ré-
» gler les mouvements et la marche du pas. »

Toutes les allures, comme tous les changements
de direction, doivent être le résultat d'une position
transmise par le cavalier, etc. Là est l'équitation ;
mais M. d'Aure est déterminé à n'en pas dire un
seul mot dans son traité.

PAGE 69. — MOYENS DE METTRE LE CHEVAL AU TROT.

« Dans le trot, qui n'est qu'un pas plus allongé
» et plus prompt (avec cette différence qu'au pas
le cheval a toujours trois jambes sur le sol, tandis
qu'au trot il reste un moment suspendu et re-
tombe sur un bipède diagonal), l'arrière-main
» prendra plus d'extension et chassera la masse
» sur les épaules, qui à leur tour se développeront
» pour gagner du terrain en se maintenant néces-
» sairement plus sur l'avant-main. Étant dans cette
» allure plus sur les épaules qu'au pas, il faut pour
» le mettre au trot user d'un moyen qui le porte
» plus en avant. »

Le lecteur attend toujours le moyen de *mettre
un cheval au trot.*

Le voici textuellement :

« C'est par les pressions plus ou moins sensibles
» des jambes, comme par les appuis plus ou moins
» forts, qu'on présente à l'avant-main, qu'on aug-
» mente ou qu'on diminue le trot. »

Jugez maintenant ; c'est le même M. d'Aure, auteur de ce traité d'équitation, qui vient de lancer

une brochure où il prétend discuter la science rai-
sonnée de l'équitation ; il faudrait donc qu'il eût fait
de grands progrès depuis cette première publica-
tion? Malheureusement ce n'est pas sa brochure
qui pourrait en fournir la preuve.

PAGE 71. — DES MOYENS DE METTRE LE CHEVAL AU GALOP.

« Pour mettre le cheval au galop, on emploie des
» moyens qui diffèrent de ceux employés pour les
» deux autres allures. Le cheval étant obligé de
» s'asseoir, ses jambes n'ayant pas une marche
» égale, puisque le terrain est toujours entamé par
» le même côté, les mains et les jambes du ca-
» valier doivent agir en raison du côté où l'on veut
» marcher. »

Ceci n'est-il pas bien clairement expliqué?

« Par exemple, pour marcher à droite, sachant
» qu'à cette main l'épaule droite est plus élevée et
» plus avancée que la gauche, il faut faire agir la
» bride de façon à obtenir ce résultat; on élèvera
» la main afin de porter le poids des épaules sur
» l'arrière-main et asseoir le cheval, ce qui le dis-
» posera à prendre le galop. »

Voilà bien le moyen d'acculer le cheval, de lui

faire tendre l'encolure et de le disposer à se défendre. Le galop nécessite un emploi de forces plus
considérable; le mouvement n'est que le résultat
de cette force, il faut donc que les jambes précèdent la main, pour augmenter l'impulsion et donner la position *qui conduit le cheval à prendre le galop.*
Il reste bien des choses à dire encore sur la position première que l'on doit faire prendre au cheval; mais, encore une fois, l'équitation *large* de
de M. d'Aure ne descend pas à d'aussi minces
détails.

PAGE **77.** — PRINCIPES GÉNÉRAUX.

Ici M. d'Aure fait connaître que « lorsqu'on
» tourne à droite, le cheval marche à droite. »

« Le côté de dedans est celui sur lequel on
» tourne, celui du dehors le côté opposé. En mar-
» chant à main droite, la bride doit être dans la
» main gauche. »

« On change de main dès qu'on place le cheval
» à gauche et qu'on tourne de ce côté; on tient
» alors la bride dans la main droite. »

« Le passage d'une allure à une autre (moins

» accélérée) doit être de même précédé d'un temps
» d'arrêt, (l'auteur voulait sans doute dire : d'un
» demi-temps d'arrêt) calculé en raison de l'allure
» qu'on veut prendre. »

Ces principes généraux ne s'adressent probable-
ment qu'aux professeurs ; mais comme ceux-ci ont
été bercés avec ces règles toutes de convention, à
quoi bon les avoir écrites ? Qu'est-ce que cela apprend d'ailleurs au lecteur ?

PAGE 80. — DES REPRISES SIMPLES.

Explication préliminaire.

« Afin d'assouplir les chevaux, de les rendre plus
» maniables, la règle du manége veut qu'on les
» place à la main à laquelle ils marchent. »

Avec cette savante règle de manége et deux an-
nées de travail, pour peu que le cheval ait une
excellente conformation et de la bonne volonté, il
sera assoupli.

« C'est avec le secours des aides que le cavalier,
» tout en plaçant son cheval d'après la règle
» prescrite au manége, établit des contre-poids
» qui maintiennent le cheval dans un équilibre
» appartenant à telle ou telle allure. »

Elèves de **M.** d'Aure, suivez et pratiquez ces doctes leçons ! établissez le contre-poids ; ne vous indique-t-il pas le moyen de le faire d'une manière infaillible ?

Les pages **81, 82, 83** sont écrites avec la même clarté et doivent conduire aux mêmes résultats.

PAGE 84. — DES REPRISES SUR LE LARGE AU PAS ET AU TROT.

« Afin de saisir ce travail, qui est extrêmement
» simple, on le commencera au pas ; une fois le
» cheval mis en mouvement, la main se placera au-
» dessus de l'encolure (merci du conseil), afin de
» régler le pas. Cette allure déterminée, la main se
» portera un peu à droite, pour que la pression de la
» rêne gauche sur la bouche et l'encolure pousse la
» tête un peu en dedans et plie l'encolure à droite.
» Cette résistance de la main doit être assez marquée
» pour porter la tête à droite, mais pas assez forte
» cependant pour faire tourner le cheval. La jambe
» droite se fermera pour maintenir la hanche droite
» et jeter la gauche en dehors. »

J'ai reproduit textuellement ce passage ; il est

trop curieux pour ne pas être transcrit en entier.
Je ne le critiquerai pas, ce serait faire injure au
lecteur, que je suppose nécessairement homme de
cheval.

PAGE 85. — PASSAGE DES COINS.

Le passage des coins est une de ces vieilleries
parfaitement insignifiantes. L'auteur dit :

« Une fois arrivé à quelques pas du coin, la main
» se placera dans la direction de l'angle du mur
» vers lequel on marche ; ce mouvement, qui fera
» porter l'avant-main du cheval à gauche, obli-
» gera l'élève, arrivé dans le coin, à marquer un
» temps d'arrêt pour rassembler son cheval et le
» disposer à en sortir. »

Je doute qu'avec de telles explications l'élève
puisse comprendre et le cheval exécuter ; il en serait autrement si l'auteur voulait remplacer le
temps d'arrêt par un demi-temps d'arrêt, s'il con-
sentait à ne plus écrire le mot *rassembler*, dont il
fait un non-sens, et s'il voulait bien condescendre
à donner quelques définitions à l'appui de ses principes.

PAGE 87. — DU CHANGEMENT DE MAIN.

Il est évident qu'après la première leçon, l'élève sait parfaitement de *quoi se compose* un changement de main. A quoi bon dès lors en tracer la ligne avec des lettres indiquant le point de départ et celui de l'arrivée? A quoi bon joindre une page de texte avec figures, pour expliquer qu'on doit quitter le mur à la lettre A, pour le reprendre à la lettre B? Je le répète, l'élève sait parfaitement de quoi se compose le changement de main. Ce n'est donc pas cela qu'il a besoin d'apprendre, mais bien la manière d'exécuter cette figure.

PAGE 88. — DU TRAVAIL SUR LES CERCLES AU PAS ET AU GALOP.

« Lorsque l'on marche sur une ligne circulaire,
» le cheval est dans une position pareille à celle
» où il se trouve lorsque, allant sur le large, il sort
» d'un coin; c'est-à-dire que suivant un cercle à
» main droite, en tournant, l'épaule droite doit
» marcher la première. »

Ainsi, voilà le moyen, il est bien simple : *L'é-*
» *paule droite doit marcher la première.*

« Dans ce cas, si la main qui dirige le cheval
» dans le cercle place l'avant-main de manière à
» faire aller l'épaule droite avant la gauche, la jambe
» gauche du cavalier doit aussi marquer une résis-
» tance qui soutienne l'arrière-main en maintenant
» la hanche droite la première. »

Voilà comment on travaillera un cheval sur les
cercles. Que si vous demandez à l'auteur dans quel
moment de l'éducation d'un cheval il faut le mettre sur ces inutiles cercles, il vous répondra que
cela ne vous regarde pas, qu'il suffit de placer (par
le moyen connu) l'épaule droite en avant, et de
marquer (toujours par le moyen connu) une résistance avec la jambe qui soutient l'arrière-main.

PAGE 90. — DES CHANGEMENTS DE MAIN EN CERCLE AU
PAS ET AU GALOP.

« Les changements de main s'exécuteront en
» coupant la circonférence en deux. »

Ici le moyen est confondu avec l'explication ; c'est
égal, l'élève trouvera parfaitement son point de

depart.
» pour
» tira le
» à le
» il va
» tournant. »

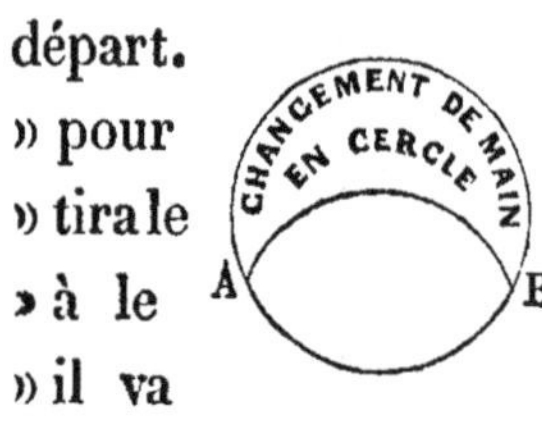

« L'on partira du point A aller au point B; onr alencheval pour le disposer placer à la main à laquelle entrer, et le préparer au

J'ai transcrit en ces quelques lignes tout ce qu'il y a de plus instructif dans l'article.

PAGE 91. — DU TROT SUR LES CERCLES.

« Lorsqu'on veut faire marcher au trot sur des
» lignes circulaires, le cheval doit être nécessaire-
» ment placé d'une manière différente de celle où il
» est en marchant au galop. (Je m'en serais douté.)
» Dans ce cas, marchant à droite, la jambe droite
» du cavalier doit avoir une action plus forte que
» la gauche, afin de placer les deux hanches sur
» la même ligne. »

Je ne comprends pas le moyen de mettre les deux hanches sur la même ligne en se servant de deux forces d'un même côté, la main à droite et la jambe droite. Jusqu'à ce que M. d'Aure nous ait donné la solution de ce problème, je me servirai (quand par hasard je mettrai mon cheval sur les cercles) du moyen contraire, afin de combattre l'effet de la main, d'entretenir l'action, qui, dans ce cas seulement, se portera d'arrière en avant, et de maintenir la croupe sur la ligne des épaules. C'est sur cette opposition que la main incline et surcharge davantage le côté de dedans ; et comme il a le plus petit cercle à parcourir, le mouvement en est une suite naturelle. Voilà l'abrégé du moyen raisonné.

PAGE 93. — DU GALOP ORDINAIRE SUR LE LARGE.

« Pour obtenir ce galop on usera des mêmes » moyens appliqués pour le travail des cercles. » (Si **M.** d'Aure ne joue pas sur les mots, il doit nous définir ce qu'il entend par moyens. Je ne sais si d'autres seront plus heureux que moi, mais j'avoue que dans le traité que j'ai sous les yeux je n'en ai pas encore trouvé un seul.) « La main, tout étant » placée dans la direction qu'on voudra suivre, mar- » quera au moment du départ une résistance et » une opposition qui avanceront le côté qui devra » marcher le premier ; les jambes agiront dans le » même sens. »

Quelle dérision ! M. De la Guerinière a été plus adroit, il n'en a pas parlé.

PAGE 94. — DÉPART AU GALOP, LE CHEVAL DROIT.

« Pour que le cheval marche à droite, il est ab-
» solument nécessaire que l'épaule et la hanche
» droite se maintiennent les premières. Il faut l'at-
» ténuer sans cesser de contrarier cette disposi-
» tion. »

Voilà donc le principe, voilà donc le moyen scientifique ! Quand on lit un ouvrage qui a pour titre *Traité d'équitation,* serait-ce donc une grande exigence de demander à y trouver quelque chose qui ressemble à des principes équestres ?

PAGE 101. — MOYENS DE FERMER OU D'ALLER SUR LES PAS DÈ CÔTÉ.

L'expression de *fermer,* comme synonyme de faire fuir les hanches ou de pas de côtés ou de marcher de deux pistes, est un non-sens. On ouvre et on ferme un changement de main ; ainsi l'on dit : Il a bien fermé son changement de main, ou : Il est arrivé bien droit d'épaules et de hanches sur la piste.

PAGE 102.

Encore une citation curieuse ;

« Ce sera au cavalier à balancer l'action de ses
» aides ; si le cheval pousse trop précipitamment
» ses hanches à droite, on atténuera ce mouve-
» ment par l'action de la jambe droite, en dimi-
» nuant celle de la gauche ; si l'épaule ne se porte
» pas assez à droite, ou l'on écartera la rêne droite,
» ou l'on portera la main gauche dans cette direc-
» tion. »

Décidément M. d'Aure a fait un traité bien amu-
sant.

« Il est bon, pour apprendre à un cheval à mar-
» cher ainsi, de le mettre vis-à-vis d'un mur ; la
» tête étant maintenue, la main n'aura pas besoin
» d'une action aussi grande (M. d'Aure pourvoit à
» tout), et il recevra plus froidement cette leçon ;
» on peut même commencer ce travail sans monter
» le cheval, etc. »

Est-ce pour qu'il apprenne à bien croiser les
jambes ou à connaître l'impuissance, la faiblesse
du cavalier ?

Les pas de côté ne doivent se commencer qu'après avoir fixé le cheval dans la main, position indispensable pour lui rendre sensibles tous les effets de force du cavalier. Je ne suis pas d'avis, comme l'indique l'auteur, de commencer ce travail par la tête au mur ; j'en ai expliqué les raisons dans mon *Dictionnaire*. Je m'oppose surtout à ce que le cavalier donne ces premières leçons à pied avec l'aide d'une gaule ; car, en admettant que le moyen de l'auteur fût plus compréhensible pour le cheval, ce que je conteste, il faudrait encore le rejeter, puisqu'il priverait le cavalier de faire usage de l'ensemble de ses mouvements, ensemble auquel on ne saurait jamais assez avoir recours. En second lieu, les positions du cheval ne sont pas du tout les mêmes, lorsqu'il est tenu par la main, à pied, que lorsqu'il est monté. En suivant les doctrines de M. d'Aure, on ne saurait donc obtenir qu'un travail embrouillé pour le cheval et anti-équestre pour le cavalier.

PAGE **108**. — CHANGEMENT DE PIED EN L'AIR.

Passons aux moyens :

« Le cheval étant à droite, je veux passer à gau-
» che : j'use du moyen indiqué, seulement je fais

» agir simultanément mes mains et mes jambes ;
» ainsi, galopant à droite au moment où je veux
» passer à gauche, je marque un arrêt de la bride,
» assez fort pour arrêter le développement de
» l'épaule droite, qui marche la première ; et en
» même temps je fais agir mes jambes avec plus
» d'action, en exigeant plus de la droite que de la
» gauche , afin de pousser la hanche gauche à
» gauche. »

L'auteur se représente, à ce qu'il paraît, le cheval comme une pâte molle, qui, dès les premiers mouvements, ne présentera aucune résistance, aucune opposition, pour se soustraire à l'obéissance, et neutraliser l'action du cavalier.

Est-ce, par hasard, au moyen des principes indiqués précédemment par l'auteur, que ce même cavalier serait parvenu à faire acquérir au cheval le degré d'assouplissement nécessaire ? Je ne le pense pas ; alors, que deviendront les mouvements de main et de jambes si naïvement indiqués par l'auteur ? Il faudrait écrire un ouvrage en quatre volumes pour donner quelque apparence d'utilité au *Traité d'équitation* de M. d'Aure, et j'avoue que je ne me sens pas ce courage ; les conseils de l'auteur seraient sans fruit s'ils étaient donnés oralement, et à plus forte raison doivent-ils être incompréhensibles et stériles sur le papier.

PAGE 117. — MOYENS D'EMPÊCHER LE CHEVAL DE RUER.

« Pour empêcher un cheval de ruer, il faut lever
» la main et fermer les jambes, afin de l'asseoir et
» de le mettre en équilibre. »

Ce moyen peut atténuer momentanément la ruade; mais il faut avant tout une transposition générale des forces, et cette nouvelle direction à leur donner ne s'obtiendra sûrement et promptement que par ma méthode. C'est alors qu'on trouvera le moyen de corriger le cheval de ce défaut. Je l'ai déjà fait remarquer, M. d'Aure ne veut jamais remonter aux causes.

PAGE 118.—MOYEN D'EMPÊCHER UN CHEVAL DE POINTER.

« Pour empêcher un cheval de pointer, il faut
» tâcher d'établir l'équilibre en chargeant le de-
» vant; ainsi, pour atteindre ce but, il faut pré-
» senter au cheval un point d'appui sur le mors,
» assez léger pour qu'il ne le redoute pas, et faire

» agir les jambes avec assez d'action et de force pour
» jeter l'arrière-main sur les épaules. »

M. d'Aure ayant trouvé le moyen d'empêcher le
cheval de ruer, il était tout naturel qu'il indiquât
le moyen contraire pour le cheval qui pointe.
Avant d'enseigner, M. d'Aure est-il bien certain
qu'il n'a plus rien à apprendre ?

PAGE 119. — DES CAUSES QUI PRODUISENT LES DÉFENSES.

« Plusieurs causes peuvent éloigner un cheva
» de l'obéissance : 1° l'ignorance, 2° la faiblesse ou
» le manque d'haleine, 3° la mauvaise vue, 4° les
» souffrances, 5° la folie ou l'immobilité. » (On
prétend que l'avant-dernière de ces maladies est
contagieuse, et qu'on a vu des cavaliers en être
atteints. Voir plus loin la note, page 64.

Toutes les défenses, quelle qu'en soit la cause,
se manifestent par une roideur générale ou par-
tielle qui paralyse ou isole toutes les parties du
cheval, ou seulement quelques-unes ; il faut donc
commencer par assouplir chacune de ces parties
pour les faire concourir à l'harmonie du mouvement ; alors, mais alors seulement, toutes les défenses disparaîtront.

PAGE 123. — SUITE.

Ici l'auteur suppose « qu'un cheval devant tour-
» ner à droite, et s'y refusant par une raison quel-
» conque de souffrance ou de volonté, se dérobe à
» gauche ; généralement l'homme qui le montera,
» pour le faire tourner à droite, ouvrira la rêne
» droite et résistera sur cette rêne tant que le che-
» val n'aura pas cédé. Il arrive alors que par cette
» action trop répétée de la rêne droite, le cavalier
» offense la barre droite de manière à la rompre
» (les cavaliers de M. d'Aure sont terriblement
» énergiques!), ou à lui donner une sensibilité telle
» qu'il ne répondra plus à ce mouvement d'attrac-
» tion (il est ingénieux le mouvement d'attraction!),
» qui, tendant à porter sa tête à droite, entraînerait
» la masse de ce côté, tandis qu'au contraire, cédant
» à la sensibilité qui lui vient de droite, il se por-
» tera à gauche et s'y jettera d'autant plus qu'on
» agira davantage sur la rêne droite, qui souvent,
» dans ce cas, pliera bien l'encolure à droite, mais
» fera reculer la tête de façon à ce que le mouve-
» ment de l'épaule droite étant arrêté, il faudra
» absolument que le cheval s'échappe à gauche

» si l'on continue à le tenir en mouvement. Le seul
» moyen de porter remède à ce mal c'est de réta-
» blir l'équilibre de la sensibilité dans la bouche
» du cheval, d'offenser, s'il est nécessaire, la barre
» gauche, afin de faire tourner le cheval à droite
» par la résistance de la rêne gauche ainsi que par
» l'action des jambes, qui maintiendront ses han-
» ches vis-à-vis des épaules. »

Je suis tenté de demander pardon au lecteur
d'avoir copié en entier cette monstrueuse fin de
chapitre; mais comme elle a vu le jour en 1834,
elle est assez curieuse, assez divertissante pour
être reproduite.

M. d'Aure ne semble-t-il pas vouloir faire marcher l'art à la manière des écrevisses? Comment!
si un côté de la bouche du cheval a été brutale-
ment maltraité par suite de l'impéritie du cavalier,
il faut offenser l'autre côté afin que les deux barres
soient en harmonie[1]! La critique est aisée, et l'art
comme l'entend M. d'Aure n'est pas difficile.

---

[1] M. le baron de Curnieu alla trouver un jour l'auteur d'un pam-
phlet, ami et collaborateur de M. d'Aure, et lui demanda ce qu'il pen-
serait d'un écuyer qui donnerait ce principe : « Fracasser la barre d'un
cheval afin de l'harmoniser avec l'autre barre qui aurait été offensée
par le cavalier? » Le pamphlétaire s'indigna, anathématisa l'écuyer
ignorant et barbare qui professerait de telles maximes. Cet emportement

PAGE 127. — DU JEUNE CHEVAL. ÉDUCATION.

L'éducation du jeune cheval est contenue dans trois pages de texte.

Après s'être servi de l'homme de bois, du caveçon et de la longe, l'auteur ajoute :

« Lorsque le cheval aura acquis de la force, ainsi
» que la connaissance des aides et des objets, alors
» on peut le monter seul et le soumettre à un tra-
» vail régulier. On commencera à l'astreindre en
» bridon au travail d'une reprise simple sur les
» cercles et sur le large. *En le descendant* on lui
» apprendra à marcher la tête au mur, comme il
» est dit page 79 ; au bout de quelque temps on le
» passera à la longe, afin de lui donner connais-
» sance des éperons et de le rendre franc à leurs
» attaques. »

A moins qu'un cheval ne soit mou et froid, les attaques qui n'ont pas pour but de le renfermer

aurait peut-être provoqué un accès de folie, si M. de Curnieu ne se fût empressé de lui dire : « Calmez-vous, cet individu que vous venez d'injurier sans ménagement, c'est d'Aure.— Ce n'est pas possible. — Lisez. » Le pamphlétaire tomba en syncope, et M. de Curnieu vint ensuite me raconter cette piquante anecdote, qui m'a semblé digne de la publicité.

sont dangereuses, puisqu'elles augmentent son irritabilité; il apprend à les éviter en se jetant sur la
main et en contractant l'encolure de toute sa force
musculaire; c'est alors que, se jouant de la faiblesse
du cavalier, il force les poignets. Car si le cheval
doit se porter en avant, il faut aussi qu'il revienne
sur lui-même pour changer d'allure, de direction,
s'arrêter ou reculer, et cette tension énorme de
l'encolure (que l'auteur aime à voir *au naturel*) y
portera toujours obstacle. Au reste, M. d'Aure, en
cette circonstance, est conséquent avec lui-même :
il a dit qu'il n'était pas *dresseur de chevaux ;*
certes, les personnes qui mettent en pratique ses
principes pourraient en dire autant que lui.

DERNIER CONSEIL SPÉCIEUX DE L'AUTEUR.

« Il arrive souvent que beaucoup de chevaux se
» défendent par faiblesse, et *le plus sûr moyen de*
» *les dresser* est une bonne nourriture et le repos. »

Certes, c'est là encore un profond et ingénieux
précepte *d'équitation*. M. d'Aure n'aurait-il pas pu
élaguer de son traité ce qu'on a lu jusqu'à pré-
sent, et le résumer dans l'admirable concision de
ces quelques mots?

Mais voilà bien assez de citations, ce me semble ; j'ai hâte d'ailleurs de terminer une semblable polémique. La brochure n'est pas, suivant moi, le terrain convenable pour vider un débat entre des écuyers qui se déclarent en opposition. C'est dans l'exercice de leur art, c'est à cheval qu'ils doivent tâcher de prouver lequel est le mieux faisant. Ainsi donc, bien déterminé désormais à ne plus me mêler à ces oiseux et stériles combats de plume, à laisser mes adversaires *quand même* essayer de m'accabler sous le poids des pamphlets, des méchants propos , etc. , etc. , je continuerai avec zèle et persévérance à appliquer ma méthode et à obtenir chaque jour des résultats réels et positifs ; c'est, à mon avis, la meilleure et la plus concluante des réponses.

FIN.

IMPRIMERIE DE Vᵉ DONDEY-DUPRÉ,
rue Saint-Louis, 46, au Marais.